# LETTRE
# AU MINISTRE
## De la Marine et des Colonies,
### SUR LA NÉCESSITÉ D'ARRÊTER LA RÉACTION
## AUX ANTILLES FRANÇAISES.
## PAR BISSETTE.

> Bien que l'égalité légale soit établie en principe dans ce pays, les mœurs n'ont point été encore modifiées par ce principe.
>
> DESSALLES, Procureur-général à la Martinique.
>
> *Réquisitoire 9 août 1831.*
>
> Le négre jouit de toute la masse du bonheur que comportent ses facultés morales, et il serait impossible de lui en départir une portion plus grande.
>
> Abbé DILLON, jésuite.

# PARIS.
## IMPRIMERIE DE AUGUSTE MIE,
RUE JOQUELET, N° 9.

## 1831

PARIS. — IMPRIMERIE DE AUGUSTE MIE,
Rue Joquelet n° 9, place de la Bourse,

# LETTRE
# AU MINISTRE
### De la Marine et des Colonies,

## SUR LA NÉCESSITÉ D'ARRÊTER LA RÉACTION

## AUX ANTILLES FRANÇAISES.

Monsieur le Ministre,

Jusqu'ici je me suis borné à faire des vœux pour que le ministère de la marine actuel, comprît mieux que celui du Gouvernement déchu, le véritable état des Colonies françaises ; mais ce ne sont plus des vœux que je dois former, et, citoyen ami de l'ordre, j'entreprends de grouper dans ce nouveau mémoire tous les faits de nature à prouver que l'esprit de réaction est tel dans nos Antilles qu'elles sont comme sur un volcan.

Déjà, depuis long-temps, les têtes fermentaient aux Colonies pour la jouissance des droits civils et politiques dûe aux hommes de couleur libres, et pour l'affranchissement progressif de l'esclavage des noirs. On craignait qu'à la nouvelle des trois journées de juillet ce besoin des âmes généreuses y fît tout à coup explosion, et que là aussi la liberté reprît tous ses droits. Pendant quelque tems, on fut humble envers les hommes de couleur, on leur fit des promesses, on les engagea à attendre, de la sollicitude et des principes du nouveau gouvernement, les lois qu'ils réclamaient. On obtint facilement d'hommes confians, forts de leurs droits et de leur nombre, promesses de patience.

4

Mais à l'humilité des derniers mois de 1830, l'aristocratie coloniale a fait succéder l'arrogance et la tyrannie ; non-seulement ils ont abreuvé d'outrages les hommes de couleur libres, ils ont encore méconnu les droits des *patronés* et abusé du malheur des esclaves Aujourd'hui, les partis, à la Martinique, à la Guadeloupe et à Marie-Galante, sont en présence l'un de l'autre ; ils peuvent en venir aux mains à chaque instant. Ce danger, dont l'imminence est patente, m'engage à donner toute la publicité possible à ce mémoire. Ne vous y trompez pas, M. le Ministre, la longanimité des hommes de couleur n'est pas une preuve de faiblesse. Il faut ou faire cesser un état provisoire insoutenable, ou que les colons fondent de nouveau leur pouvoir monstrueux.

## FAITS.

Pendant leur administration au département de la Marine et des Colonies, MM. Sébastiani et d'Argout firent rapporter toutes les ordonnances frappant de certaines incapacités les hommes de couleur libres, qui se trouvèrent par là sur le même pied d'égalité que les colons. Mais depuis, M. Fleuriau, délégué des colons de la Martinique, a adressé à ses commettans une lettre qui a parcouru toute la Colonie, et dans laquelle vous auriez promis, Monsieur le Ministre, de rétablir le *respect aux blancs*, imposé aux hommes de couleur.

Une *patronée*, sous la responsabilité de Mademoiselle Desclerice Romeny, de couleur, possédait de moitié avec la dame Camille Le Roy, blanche, des bestiaux : celle-ci fut chargée de vendre, en juillet dernier, une génisse, et déclara à la patronée, co-propriétaire, 40 francs de moins que le produit de la vente. La demoiselle Desclerice ayant acquis la preuve de ce dol, réclama pour sa patronée, ou filleule, auprès de la dame Le Roi, qui, pour se soustraire à la honte de sa conduite, et ne pas tenir compte de la moitié des 40 fr., ne trouva pas de meilleur moyen que d'invoquer l'ordonnance dite du *Respect aux Blancs*. Elle rendit plainte au commandant de la commune du Gros-Morne, M. Timoléon Dufougeray, qui fit mettre la demoiselle Desclerice dans un cachot, les fers aux pieds. Envoyée le lendemain au gouverneur, celui-ci la condamna à faire des excuses ; en vertu de l'ordonnance du *Respect aux blancs*, et, sur son refus, donna l'ordre de la déporter loin de son domicile, dans une autre commune de la Colonie.

Pressé par M. Désabaye, commandant de la commune de la Grand'Anse, M. Morel, procureur du roi de St.-Pierre, menace une dame de couleur, porteuse d'un titre de liberté obtenu à l'étranger, de la faire vendre à l'encan avec toute sa famille, si elle refuse de reconnaître le principe de *respect envers les blancs*.

Au Lamentin, le 10 juillet dernier, le sieur Aly fils, homme de couleur, est incarcéré par ordre de M. Lagrange Chancel, commandant de la commune, pour avoir répondu à ce fonctionnaire qui lui demandait s'il se prétendait l'égal d'un blanc, *qu'il croyait l'être*.

MM. Sébastiani et d'Argout avaient pensé que la meilleure manière de faire disparaître les distinctions de couleur, était de favoriser, autant que possible, les mariages entre les deux classes libres : à cet effet, une ordonnance royale abrogea les arrêtés qui défendaient ces sortes d'unions. Cependant, un blanc, employé à la direction du port, à Fort-Royal, est menacé de destitution s'il épouse une jeune personne de couleur, la Dlle Céphalie William. M. Le Blanc, commandant de la station aux Antilles, a dû, m'a-t-on assuré, signaler ce fait à votre attention.

A la Martinique, le théâtre était devenu accessible aux hommes de couleur comme aux blancs : afin d'éviter un voisinage désormais autorisé, les *colonistes* firent payer au directeur du spectacle, sur les fonds du trésor, une indemnité de 20,000 francs, à la condition qu'il quitterait la Colonie. Tel est l'emploi que M. Rosily, Directeur-général de l'intérieur, fait des deniers publics. Bientôt après, il refuse aux hommes de couleur l'autorisation d'ouvrir un théâtre de société, malgré leur offre de se conformer aux réglemens qu'il plairait à l'administration de l'intérieur de leur imposer.

A la Guadeloupe, ils sont repoussés des cafés pour faire place aux blancs, et l'autorité convertit ces établissemens publics en réunions particulières; des rixes s'en suivent, les colons, soutenus par les baïonnettes, maltraitent les jeunes gens de couleur, dont plusieurs sont arrêtés et emprisonnés; la *justice* instruit contre eux.

Des ordonnances locales défendaient aux hommes de couleur de se trouver sur certaines promenades réservées aux blancs. Ce privilége fut aboli. Cinq jeunes gens de cette classe s'y trouvaient un soir, sur la promenade dite *Batterie d'Esnotz* à Saint-Pierre, lorsque, surpris par des colons en grand nombre, ils furent assaillis. Le lendemain M. Champvallier, procureur du roi, fit emprisonner M. Léonce, qui ne se trouvait ni sur la promenade, ni dans les environs. « *Si*, lui dit-il, parodiant la bête carnivore de Lafontaine, « *vous n'y* « *étiez pas, votre ombre y était.* » C'est ainsi qu'en 1824, M. Léonce fut déporté de la colonie, sur la plainte de ce même procureur du roi, qui lui reprochait de s'être attiré une condamnation correctionnelle, pour *manque de respect envers un blanc*, bien que cette affaire privée n'eût rien de commun avec la prétendue conspiration dont on accusait les déportés.

En vain l'égalité devant la loi est-elle rétablie aux Colonies, l'arbitraire se montre de toutes parts. A la Guadeloupe, le sieur Jean-Charles, homme de couleur, commune de Morne-à-l'Eau, jouissant depuis long-temps de la liberté de fait, obtient, le 29 avril dernier, sa patente de liberté en payant une somme de 58 fr. 52 cent., bien que tout droit fiscal ait été supprimé par ordonnance royale du 1er mars. A quelques jours de là, un colon, le sieur Clavereuil le réclame comme sa propriété, prétendant que le sieur J. Charles aurait appartenu, avant son rachat, à la succession d'un sieur Sabaroche, dont lui Clavereuil serait créancier. La contestation est portée par devant le gouverneur de la Colonie, M. Vatable, créole, qui, par un arrêté pris en conseil privé, en date du 5 mai, annulle l'acte d'affranchissement. Jean-Charles est vendu à l'encan au profit du gouvernement, et Clavereuil se le fait adjuger.

Si Jean-Charles appartenait à Clavereuil, il devait lui être remis sans adjudication; dans le cas contraire, l'affranchissement était valable. Des légistes soutiennent avec raison, que cet acte, obtenu sans réclamation préalable, rendait nulles toutes celles qui pouvaient suivre.

Un patroné est monté dernièrement à l'échafaud avant d'avoir épuisé tous les degrés de juridiction. Le greffier de la cour ayant refusé, par ordre de M. Dessalles, procureur-général en fonctions, de recevoir tout pourvoi des *patronés*, qu'on s'obstine à assimiler aux esclaves, à qui on dénie aussi le droit de recourir en cassation; c'est enter cruauté sur cruauté.

M. Nogues, procureur-général titulaire, a écrit, le 27 mars 1831 (n° 139), au procureur-du-roi de Saint-Pierre, ce qui suit : « Je reçois à l'instant la lettre dans laquelle vous m'an-
« noncez le pourvoi en cassation de l'esclave Louisy (1),
« condamné par la cour d'assises de Saint-Pierre. Je ne puis
« croire que le greffier, à qui j'avais donné des instructions à
« ce sujet, ait reçu ce pourvoi. Veuillez, je vous prie, prendre
« de nouveaux renseignemens, et m'informer de leur ré-
« sultat..... Les *patronés* ne jouissent d'aucuns droits attri-
« bués aux libres. Si le pourvoi a été formé par un avocat,
« faites-le moi connaître. »

Rappellerai-je, Monsieur le Ministre, ce singulier langage tombé de la bouche d'un procureur du roi à la Guadeloupe, dans l'exercice si auguste de son ministère? Il s'agissait d'une affaire en police correctionnelle entre un blanc et un homme de couleur. Dans son réquisitoire, et en s'adressant à l'auditoire, composé en grande partie d'hommes de couleur, M. Bonnet répéta ces paroles par deux fois :

---

(1) Louisy n'est pas esclave, il est patroné.

« *Oui, hommes de couleur, provocateurs ou provoqués,*
« *vous serez toujours répréhensibles envers les blancs.* »

A la Martinique, dans la commune de la Trinité, M. Marc, homme de couleur, a été détenu douze jours illégalement sur un ordre, conçu en ces termes : « Le nommé Marc se rendra « *provisoirement* en prison pour *manque de respect à* « M. *Jay* (1), et d'après la plainte portée par ce dernier.

» Le commis à la police est chargé de l'exécution du présent ordre.

Le Commissaire Commandant,

« Donné, etc.                 *Signé :* Degages. »

Un commandant de la garde nationale à la Guadeloupe, que vous venez de décorer de la légion-d'honneur, commet un viol sur une enfant esclave : par suite d'un réquisitoire de M. Ristelhuber, procureur du roi, la *justice* informe, mais elle reçoit l'ordre impératif du gouverneur, colon lui-même, de cesser toutes poursuites : la justice obéit ! !

Bien que M. le ministre d'Argout ait supprimé, par l'ordonnance du 1er mars dernier, la taxe de 1,500 fr. à 2,000 fr., imposée jusqu'alors à la délivrance des patentes de liberté ; le gouverneur de la Martinique exige, en vertu du bon plaisir, que le postulant possède un capital de 6,000 fr. Il prétend qu'il n'agit en cela, Monsieur le Ministre, que par vos ordres. Les patronés et les esclaves qui sollicitent leur affranchissement, éprouvent des refus constans. *J'en ai renvoyé la clef en France*, s'écrie M. Dupotet, voulant dire par là, que la porte de la liberté est désormais fermée aux Colonies.

On se fait un mérite de ravaler les classes de couleur à l'égal de la brute, et on leur refuse jusqu'au moyen d'acquérir les premières notions élémentaires. Aussi, M. Ballin, inspec-

---

(1) Le sieur Marc avait nourri pendant un mois le sieur Jay qui ne l'avait pas payé, celui-ci s'étant offensé des réclamations de son créancier, rendit plainte au Proconsul Desgages.

teur de l'instruction, envoyé par M. le ministre d'Argout, a été l'objet, à la Martinique, de froideurs injurieuses. *Si vous persistez*, lui disait M. de Rosily, directeur-général de l'intérieur, *les colons écriront contre vous*. Il est évident qu'on veut décourager M. Ballin, et on vous fait l'outrage de penser que vous avez pour agréable, de voir annuler les vues philantropiques de votre prédécesseur. J'en appelle, pour la véracité de ce fait, au propre témoignage de M. Saint-Hilaire, directeur des Colonies.

En attendant, la traite des noirs continue à la Martinique; les autorités en sont instruites, et la souffrent. Au mois d'août dernier, dans la commune du Marin, un navire négrier y a débarqué sa *cargaison*. Il est vrai que le *Moniteur* du 19 octobre a démenti ce fait rapporté par le *Courrier-Français*; mais des lettres le déclarent constant et positif.

Des traitemens inouis sont exercés sur les esclaves, et loin d'être amélioré, leur sort devient chaque jour plus affreux.

Dans les environs du Fort-Royal, un sieur Garnier-Saint-Omer, par un raffinement de cruauté, a tout récemment fait châtier une jeune esclave par le frère de celle-ci; elle est morte sous les coups. Dans les cachots de son habitation, la justice trouva une autre esclave enfermée depuis six semaines, les chevilles des pieds attachés au mur par des anneaux de fer, et de telle sorte qu'elle ne pouvait être assise ni se coucher sans de cruelles douleurs. Plusieurs négresses de dix-huit à vingt ans étaient chargées de fer; quelques-unes portaient au col un collier pesant environ dix livres, et fermé à grands coups de marteau; d'autres portaient, depuis plusieurs mois, un poids de chaînes d'environ onze *kilos*. (1)

Sur l'habitation Spoutourn, appartenant à Madame Dubuc-St.-Prix, au quartier de la Trinité, un sieur Vermeil fit déchirer à coups de fouet cent esclaves qu'il accusait d'avoir

____

(1) Et M. Turc, subsitut à la Guadeloupe, s'écriait dernièrement avec enthousiasme : « *L'esclavage est l'âme des Colonies!!!* »

été porter plainte contre lui au juge-de-paix du canton (1).
Un prétendu vol d'écrevisses fut le prétexte dont on se servit
pour refuser à 3oo noirs leur nourriture pendant plusieurs
jours. Par ses ordres, la nommée *Emilienne*, jeune négresse
de 19 ans, fut enfermée dans un cachot, dont les ouvertures
avaient été hermétiquement fermées ; elle y mourut étouffée.
Le jeune *Alexis*, âgé de 16 ans, fut attaché ventre contre
terre à trois piquets, après un châtiment de deux cents coups
de fouet, et abandonné à la voracité des *crabes* (crustacés
fort communs aux Colonies) ; il y perdit la vie par suites des
morsures que ces animaux lui firent aux parties nobles. Une
enquête, dirigée par M. Duquesne, magistrat des plus indé-
pendans de la Colonie, ayant dévoilé ce crime, M. Juston,
membre du Parquet de St.-Pierre, prit fait et cause pour
l'humanité outragée, et requit une instruction contre ledit
Vermeil, qu'il mit en état d'arrestation. Mais les *Colonistes*
favorisèrent l'évasion du coupable, et protégèrent sa fuite et
son arrivée à une Colonie étrangère (la Dominique). De son
côté, M. le procureur-général Dessalles ordonna une contre-
enquête, dans le but d'innocenter Vermeil, et de compro-
mettre le magistrat qui avait osé le poursuivre.

En février dernier, une bande armée à la tête de laquelle
se met un des fils Perrinelle ( toujours ce nom se rencontre
dans de semblables événemens : l'hérédité de la cruauté ne
s'abolira-t-elle donc pas aux Colonies ! ) se transporte sur l'habitation de Madame Dariste, dont on lui refuse l'entrée.
Aussitôt, les clôtures sont brisées ; la bande pénètre dans
l'intérieur de l'habitation, y traque les malheureux esclaves,
et ces satellites, écumant de rage, massacrent tous ceux
qui leur résistent. Le sieur Bosc, dont l'administration pa-

---

(1) M. Belletète, dont la sévère impartialité a soulevé la haine que
les colons portent aux fonctionnaires métropolitains qui font exécuter
les lois. La destitution de M. Belletète est demandée par les colons ; ils
l'ont déjà fait précéder de menaces atroces; ils ont fait courir à ce magistrat risque de la vie, sans doute pour le forcer à donner sa démission.

ternelle irrite depuis long-temps les colons du voisinage, est arrêté, parce qu'il a défendu son domicile, et plus tard, seize de ses nègres montent sur l'échafaud.

A la même époque, six esclaves sont enlevés sur l'habitation de Madame Dubuc de St.-Prix, prévenus du crime d'être *les plus influens* de l'atelier, et jetés dans les cachots. Abandonnés au gouvernement comme sujets dangereux, par suite condamnés par le conseil privé à la déportation, ils sont aujourdhui entre les mains de la justice appelée à réviser cet arrêt. Néanmoins, le Directeur de l'intérieur, M. de Rosily, a fait tous ses efforts pour le faire exécuter, et il y serait parvenu, si le juge d'instruction du Fort-Royal n'avait rendu le geolier responsable de leur sortie. On prétend qu'ils auraient été vendus 18,000 francs : aujourd'hui qu'un Colon est chef du parquet de la Martinique, il est probable que cette vente ne tardera pas à être consommée.

Comme eux, la nommée *Tine*, fille de couleur, n'étant la propriété de personne, libre de fait par conséquent, a été abandonnée au Gouvernement ; cette femme a été l'objet de toute la sollicitude d'une Commission d'enquête, nommée pour examiner les charges qui s'élevaient contre elle ; son innocence a été reconnue, et cependant elle gémit encore dans les prisons du Fort-Royal. C'est en vain que MM. Duquesne et Juston ont demandé sa mise en liberté, *Tine* sera mise à prix ; *Tine* subira le sort des esclaves. (1)

Vers la fin du mois d'août, l'esprit inventif des colons imagina un festin nocturne aux pieds de la potence, toujous permanente à la Martinique, un grand nombre de noirs furent arrêtés ; on feignit de voir dans ces circonstances un défi de mort porté par les esclaves, une prochaine insurrection. Mais un *patroné* vint déclarer que les convives de la nuit

---

(1) Cette malheureuse femme recevait, depuis plusieurs années, une pension de Madame Du Buc-Saint-Prix, qui n'habite pas la Colonie. Une lettre de son ancienne maîtresse qu'elle conserve avec un saint respect est la seule consolation qui lui reste dans sa captivité.

précédente étaient les blancs qui composaient le poste de garde nationale de la place Bertin, dont lui-même avait fait partie. On l'avait éloigné du souper à cause de sa couleur, mais il s'était tenu aux aguets, et sa révélation fit avorter la prétendue conspiration qu'on avait attribuée aux esclaves. Il n'échappera pas à votre esprit, Monsieur le ministre, que ce fut à l'occasion d'un drapeau portant, *la liberté ou la mort!* trouvé à la grille de l'église du mouillage à St-Pierre, et sur le fait de la potence abattue, que s'établit la dernière conspiration de février 1831, dans laquelle vingt-neuf esclaves furent condamnés à mort, et exécutés avant leur pourvoi en cassation.

Qu'on n'espère point que l'administration de la justice telle qu'elle est aujourd'hui parvienne jamais à comprimer la férocité des Colons. Ceux des magistrats qui l'ont tenté, ceux des fonctionnaires qui ont opposé de la résistance à ce torrent dévasteur, ont été abandonnés par l'autorité à leur propre et unique énergie. M. Juston, dont le caractère ne s'est jamais démenti, M. Juston qui avait réparé les infâmes abus dont l'ignorant Champvallier avait souillé le parquet de St.-Pierre, a été frappé par les blancs de cette ville, à la sortie du spectacle, sans qu'il ait jamais pu obtenir de réparations. La Cour acquitta ses agresseurs, et la faction n'eut de cesse à son égard que lorsqu'elle obtint son changement de résidence. Encore le fit-elle huer à la Guadeloupe, où il venait d'être appelé. Enfin, mais nous ne pouvons y croire, M. Morel, procureur du Roi, à St-Pierre, incapable de comprendre l'indépendance de caractère de M. Juston, profitant de son départ de la Martinique, l'aurait dénoncé, d'accord avec le procureur-général Dessalles, comme magistrat dangereux pour le repos de la Colonie, par la trop grande protection qu'il aurait accordée aux hommes de couleur et aux esclaves dans l'exercice de ses fonctions.

M. Duquesne, chacun le sait, a été violemment embarqué, sans ménagemens pour sa santé, pour ses intérêts, et le gouverneur a poussé les persécutions à son égard, jusqu'au point de lui refuser le passage d'un jeune nègre de 11 ans, son domestique, auquel sa philantropie réservait en France le bienfait de l'affranchissement.

Un officier de gendarmerie, M. Montéléon, refuse, à la Guadeloupe, de concourir à l'exécution d'un acte illégal, il est renvoyé en France à la direction des Colonies, où de fâcheuses préventions l'ont précédé, et lui en rendent l'accès difficile.

Ainsi dans le système des *colonistes*, quiconque ne trempe point dans l'arbitraire, et ne se soumet point à l'iniquité, doit subir l'ostracisme (1) ou se résigner aux injures et aux outrages. De quels dégoûts n'a pas été abreuvé le président du tribunal du Fort-Royal, M. Boyer, lorsqu'au mois d'août dernier, il protesta par une démission, contre l'arrêt du conseil qui renvoyait en France M. Duquesne.

M. le gouverneur Dupotet, a obéi aux Colons en ne célébrant pas la fête du Roi Louis-Philippe ; en revanche, on lui a présenté les médailles carlistes arrivées d'Holy-Rood, que les colons colportent avec complaisance. Il a laissé passer inaperçu l'anniversaire des trois journées de juillet ; mais M. Dessalles procureur-général en fonctions, qui siégeait en 1824, comme juge dans le fameux procès des déportés, l'a sollicité de rétablir des cours prévotales, pour condamner les hommes de couleur qui avaient osé fêter dans un dîner cette glorieuse époque. (2) Par ce moyen les *colonistes* veulent, grâce à la

---

(1) Dans la conspiration de février, on condamna un blanc, M. Lechevalier, à 5 ans de prison et à 2,000 francs d'amende pour non-révélation. M. Lechevalier a le tort irréparable, aux yeux des *Colonistes*, de s'être montré trop chaud protecteur de ses esclaves.

(2) L'existence de ce projet ne peut être révoquée en doute, M. Boitel secrétaire-archiviste de la Martinique, chez lequel ce diner avait eu lieu, reçut l'ordre de ne point sortir du Fort-Royal, et le nouveau Juge-d'instruction, M. de Sambucy devait décerner le mandat d'arrêt. M. Boitel a été assez heureux pour échapper à la surveillance de ses persécuteurs ; arrivé à la Guadeloupe, sous la protection du pavillon anglais, il a été arrêté, malgré ses protestations, par l'ordre du gouverneur Arnoux Dessaussayes. Les détails de cette affaire font beaucoup d'honneur à M. Boitel, et sont de nature à piquer vivement l'attention publique.

promptitude de l'exécution, voiler l'illégalité de leur sentence sanguinaire, espérant échapper à la question toujours embarrassante de l'admissibilité du pourvoi en cassation.

Le mauvais esprit de la garnison protége encore les *colonistes* dans leurs projets de réaction. Ce qui vient de se passer à Marie-Galante, donne une idée des fâcheuses dispositions de la garnison à notre égard. Les blancs s'étaient portés aux plus graves excès envers les hommes de couleur; l'un d'eux avait été mutilé par une arme qu'on ne pouvait s'attendre à trouver dans une rencontre non préméditée : par un rasoir! Loin d'arrêter le coupable et de rétablir le bon ordre, la force armée tourna ses armes contre la classe de couleur.

La plupart des officiers du 45°, aujourd'hui à la Martinique, y sont mariés avec des créoles, dont ils ont aussi épousé les haines et les préjugés. Le lieutenant-colonel vient d'arriver à Paris; appuyé par l'aristocratie coloniale, il sollicite le grade de colonel dans la nouvelle organisation du régiment de la Martinique. C'est lui qui jurait que le drapeau blanc lui servirait de linceul , plutôt que de reconnaître les couleurs de notre révolution.

La garde nationale, composée de blancs et d'hommes de couleur , est inégalement armée dans toutes nos Colonies des Antilles , les blancs sont tous munis d'armes; moitié au plus des hommes de couleur en possède , et il est question d'enlever aux *patronés* le peu qu'on a laissées à leur disposition.

Cette institution est méconnue dans son esprit et son but ; on cherche à l'avilir dans la personne des hommes de couleur, et dernièrement , l'autorité à la Martinique, l'ayant convoquée pour mettre à exécution une sentence arbitraire , rendue par un chef de bataillon contre un *patroné*, rencontra une force d'inertie qui doit être un avertissement salutaire. Il s'agissait de dégrader un garde national , comme si cette peine infamante pouvait jamais être infligée à un soldat citoyen!

Nous le disons parce que c'est notre conviction, M. Dupotet marche sur les traces de l'ex-gouverneur Donzelot, de flétrissante mémoire ; lui aussi nous promettait soutien, protection, bienveillance, et, au jour du danger, il nous livra à nos bourreaux altérés de sang. Il nous laissa froidement, oubliant les prérogatives de ses fonctions, marcher à l'échafaud, et subir le supplice, malgré un pourvoi en cassation, que RICHARD-LUCY, alors procureur-général, avait ordonné de ne pas recevoir.

Dès son début dans la colonie, M. Dupotet en appela au patriotisme des hommes de couleur, il fut écouté ; mais aujourd'hui que les colons ont repris courage pour méconnaître nos droits, M. Dupotet oublie ses promesses, et s'arme des ordonnances et des coutumes les plus hérissées de formalités vexatoires contre ma classe, pour la punir d'avoir été confiante et généreuse.

Un jeune homme, le sieur Auguste Frapart, l'un de mes cousins, suivit à l'âge de 12 ans, en 1824, son père, déporté sur les côtes désertes de l'Amérique du sud, où M. Donzelot envoyait jeter plusieurs de mes compatriotes. Le sieur Auguste Frapart est de retour à la Martinique, par suite de l'ordonnance d'amnistie du 26 août 1830. Les malheurs de son père, de grandes infortunes, ont donné à son âme cette trempe que procure seule l'adversité. Peu façonné à obéir à l'illégalité et à l'arbitraire, il devient pour le gouverneur et nos persécuteurs un point de mire ; on veut prouver, à la Martinique, que la révolution de 1830 n'a pas diminué la haine que les colons portent aux miens. Ce jeune homme, considéré à tort comme ayant été condamné à la déportation, est menacé d'être expulsé de la colonie à la moindre plainte portée contre lui. Je demande, Monsieur le ministre, l'appui que vous ne pouvez refuser à celui dont le crime unique est d'avoir suivi dans l'exil son père, condamné arbitrairement, et amnistié depuis, et que son degré de parenté avec moi paraît signaler à la vengeance inépuisable des Colons.

Je demande également qu'on cesse d'établir une surveillance spéciale sur ceux de mes compatriotes, qui tiennent correspondance avouée et licite avec moi et mes amis à Paris, et qu'on cesse de les mettre pour ainsi dire à l'index inquisitorial, afin qu'ils puissent, avec sécurité, nous tenir au courant de tout ce qui peut intéresser nos droits, et nous mettre par-là à même d'éclairer le gouvernement sur notre situation.

Monsieur le ministre,

J'ai raconté dans toute leur simplicité les faits qui établissent d'une manière évidente la marche et les moyens que suit et qu'emploie l'aristocratie coloniale pour arriver au but qu'elle se propose. Ce ne sont plus ici des craintes exagérées, des suppositions nées de l'esprit soupçonneux d'une classe long-temps persécutée, mais ce sont des faits tellement positifs, qu'à mes yeux un ministre qui les passerait sous silence, s'en rendrait le complice. Je cite des noms, des circonstances qu'il est impossible de nier. Je suis un calomniateur, ou les autorités coloniales sont indignes de la confiance du gouvernement.

Le temps presse, et vous devez, Monsieur le ministre, ne pas rester muet et inactif dans des conjonctures d'autant plus menaçantes, qu'elles intéressent non-seulement le repos et la tranquillité des colonies, mais encore leur conservation à la France. Je vous en conjure, au nom de la France et de mon pays, Monsieur le ministre, préservez-nous de funestes catastrophes !

Pour moi, qui ne cesse de réclamer des concessions généreuses, je crois de mon devoir de pousser la persistance jusqu'à l'importunité, en vous signalant les uns après les autres, tous les faits qui préparent peu à peu la ruine des colonies françaises.

Paris, ce 2 novembre 183.        BISSETTE,

Mandataire des hommes de couleur de la Martinique.